Kids Book of Simple Multiplication Workbook
Children's Math Books

All Rights reserved. No part of this book may be reproduced or used in any way or form or by any means whether electronic or mechanical, this means that you cannot record or photocopy any material ideas or tips that are provided in this book

Copyright 2016

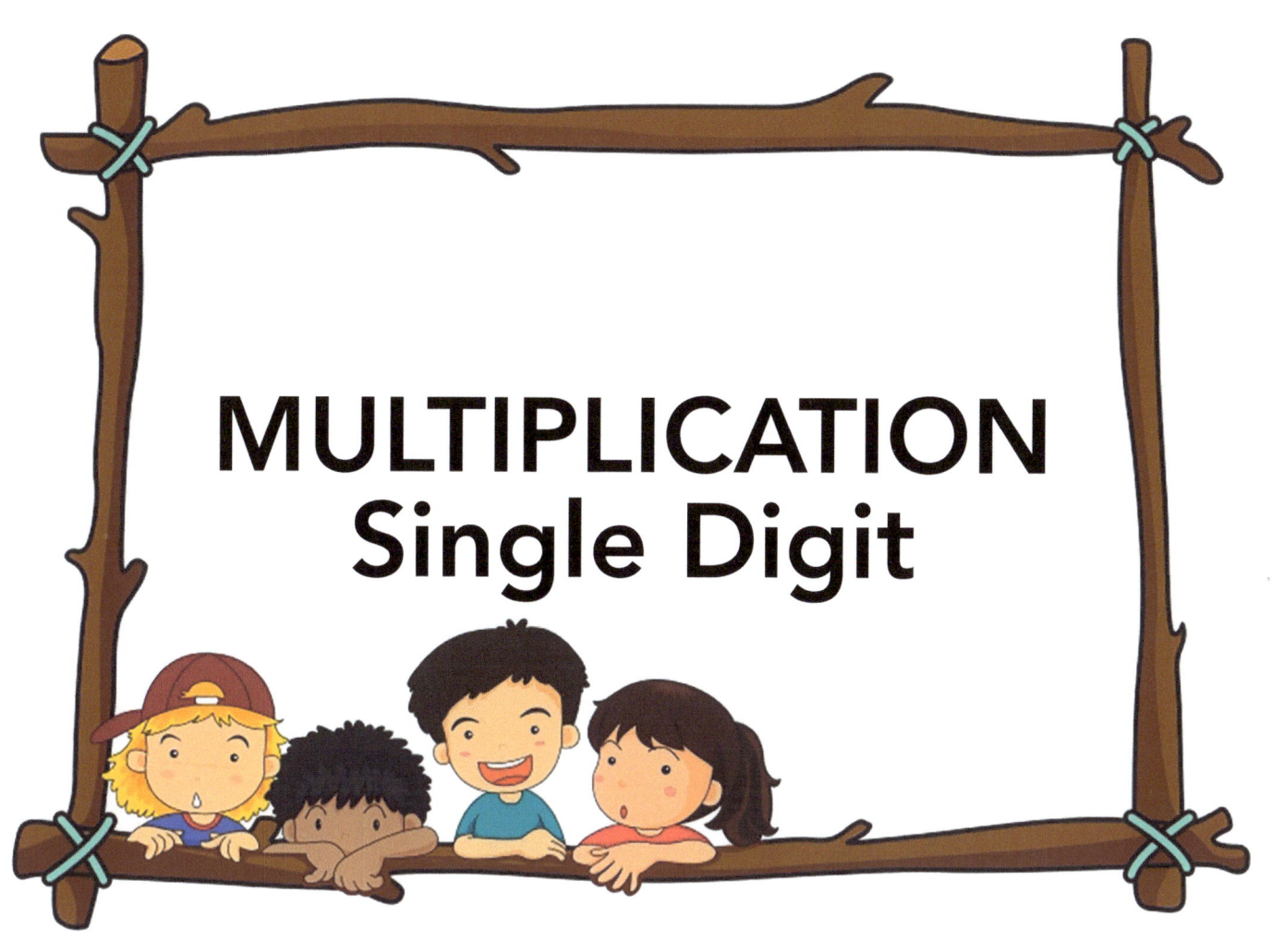

NAME _____

1.) 4 x 8 = _____   5.) 5 x 2 = _____

2.) 3 x 2 = _____   6.) 6 x 2 = _____

3.) 4 x 2 = _____   7.) 2 x 5 = _____

4.) 9 x 9 = _____   8.) 6 x 8 = _____

NAME _____

9.) 4 x 4 = _____   13.) 8 x 6 = _____

10.) 6 x 3 = _____   14.) 5 x 5 = _____

11.) 8 x 9 = _____   15.) 8 x 1 = _____

12.) 2 x 1 = _____   16.) 5 x 5 = _____

NAME _____

17.) 8 x 4 = _____   21.) 2 x 2 = _____

18.) 2 x 7 = _____   22.) 4 x 6 = _____

19.) 3 x 9 = _____   23.) 2 x 1 = _____

20.) 9 x 1 = _____   24.) 5 x 3 = _____

NAME _____

25.) 6 x 5 = _____

26.) 8 x 2 = _____

27.) 6 x 6 = _____

28.) 2 x 4 = _____

29.) 2 x 2 = _____

30.) 9 x 5 = _____

31.) 5 x 9 = _____

32.) 8 x 1 = _____

NAME _____

33.) 2 x 3 = _____   37.) 3 x 8 = _____

34.) 4 x 3 = _____   38.) 8 x 2 = _____

35.) 8 x 3 = _____   39.) 9 x 6 = _____

36.) 9 x 7 = _____   40.) 5 x 8 = _____

NAME _____

41.) 3 x 3 = _____   45.) 7 x 9 = _____

42.) 3 x 6 = _____   46.) 9 x 4 = _____

43.) 4 x 8 = _____   47.) 3 x 1 = _____

44.) 6 x 2 = _____   48.) 6 x 4 = _____

NAME _____

49.) 2 x 8 = _____   53.) 5 x 6 = _____

50.) 7 x 1 = _____   54.) 5 x 9 = _____

51.) 5 x 8 = _____   55.) 8 x 4 = _____

52.) 4 x 5 = _____   56.) 2 x 5 = _____

MULTIPLICATION
one to twelve

NAME _____

1.) 5 x 5 = _____   5.) 5 x 7 = _____

2.) 8 x 10 = _____   6.) 9 x 12 = _____

3.) 8 x 2 = _____   7.) 8 x 10 = _____

4.) 4 x 11 = _____   8.) 3 x 10 = _____

NAME _____

9.) 12 x 8 = _____   13.) 10 x 6 = _____

10.) 9 x 3 = _____   14.) 8 x 3 = _____

11.) 9 x 6 = _____   15.) 11 x 2 = _____

12.) 12 x 2 = _____   16.) 2 x 9 = _____

NAME _____

17.) 6 x 7 = _____   21.) 5 x 2 = _____

18.) 3 x 4 = _____   22.) 10 x 8 = _____

19.) 7 x 9 = _____   23.) 2 x 8 = _____

20.) 5 x 5 = _____   24.) 6 x 11 = _____

NAME _____

25.) 12 x 6 = _____   29.) 3 x 3 = _____

26.) 5 x 9 = _____   30.) 7 x 3 = _____

27.) 10 x 7 = _____   31.) 8 x 5 = _____

28.) 10 x 6 = _____   32.) 10 x 3 = _____

NAME _____

33.) 9 x 4 = _____   37.) 8 x 4 = _____

34.) 1 x 7 = _____   38.) 12 x 8 = _____

35.) 10 x 7 = _____   39.) 10 x 8 = _____

36.) 5 x 7 = _____   40.) 5 x 1 = _____

NAME _____

41.) 3 x 7 = _____   45.) 4 x 3 = _____

42.) 5 x 1 = _____   46.) 11 x 9 = _____

43.) 5 x 7 = _____   47.) 12 x 10 = _____

44.) 5 x 12 = _____   48.) 8 x 12 = _____

NAME _____

49.) 12 x 12 = _____   53.) 5 x 7 = _____

50.) 7 x 5 = _____   54.) 6 x 12 = _____

51.) 3 x 9 = _____   55.) 5 x 7 = _____

52.) 9 x 9 = _____   56.) 7 x 10 = _____

Multiplying 2 Digits by 1 Digit

NAME _____

1.) 17 x 3 = _____   5.) 17 x 4 = _____

2.) 20 x 1 = _____   6.) 19 x 2 = _____

3.) 22 x 5 = _____   7.) 21 x 4 = _____

4.) 14 x 2 = _____   8.) 20 x 1 = _____

NAME _____

9.) $16 \times 9 = \underline{}$ 13.) $28 \times 7 = \underline{}$

10.) $23 \times 4 = \underline{}$ 14.) $23 \times 6 = \underline{}$

11.) $21 \times 3 = \underline{}$ 15.) $25 \times 3 = \underline{}$

12.) $21 \times 3 = \underline{}$ 16.) $15 \times 8 = \underline{}$

NAME _____

17.) 30 x 9 = _____   21.) 18 x 8 = _____

18.) 21 x 5 = _____   22.) 11 x 8 = _____

19.) 14 x 8 = _____   23.) 24 x 6 = _____

20.) 14 x 5 = _____   24.) 20 x 9 = _____

NAME _____

25.) 25 x 5 = _____   29.) 15 x 6 = _____

26.) 23 x 2 = _____   30.) 24 x 2 = _____

27.) 29 x 9 = _____   31.) 15 x 3 = _____

28.) 24 x 9 = _____   32.) 16 x 2 = _____

NAME _____

33.) 21 x 8 = _____   37.) 18 x 3 = _____

34.) 19 x 7 = _____   38.) 25 x 2 = _____

35.) 10 x 3 = _____   39.) 26 x 5 = _____

36.) 29 x 7 = _____   40.) 10 x 6 = _____

NAME _____

41.) 10 x 3 = _____   45.) 26 x 4 = _____

42.) 11 x 5 = _____   46.) 25 x 8 = _____

43.) 20 x 3 = _____   47.) 15 x 2 = _____

44.) 26 x 4 = _____   48.) 27 x 9 = _____

NAME _____

49.) 12 x 2 = _____   53.) 27 x 3 = _____

50.) 19 x 9 = _____   54.) 14 x 6 = _____

51.) 11 x 6 = _____   55.) 19 x 7 = _____

52.) 16 x 9 = _____   56.) 10 x 3 = _____

NAME _____

57.) 24 x 3 = _____   61.) 12 x 2 = _____

58.) 15 x 5 = _____   62.) 29 x 7 = _____

59.) 13 x 7 = _____   63.) 11 x 1 = _____

60.) 23 x 1 = _____   64.) 27 x 5 = _____

NAME _____

65.) 17 x 2 = _____   69.) 18 x 9 = _____

66.) 14 x 1 = _____   70.) 15 x 1 = _____

67.) 23 x 2 = _____   71.) 19 x 9 = _____

68.) 20 x 9 = _____   72.) 29 x 6 = _____

Multiplying 3 Digits by 1 Digit

NAME _____

1.) 151 x 4 = _____   5.) 130 x 6 = _____

2.) 134 x 1 = _____   6.) 109 x 2 = _____

3.) 155 x 9 = _____   7.) 131 x 4 = _____

4.) 138 x 8 = _____   8.) 139 x 9 = _____

NAME _____

9.) 127 x 2 = _____   13.) 143 x 6 = _____

10.) 156 x 7 = _____   14.) 162 x 1 = _____

11.) 134 x 3 = _____   15.) 168 x 2 = _____

12.) 193 x 8 = _____   16.) 136 x 1 = _____

NAME _____

17.) 100 x 5 = _____   21.) 161 x 1 = _____

18.) 107 x 1 = _____   22.) 136 x 9 = _____

19.) 189 x 3 = _____   23.) 182 x 2 = _____

20.) 177 x 8 = _____   24.) 169 x 5 = _____

NAME _____

25.) 163 x 1 = _____ 29.) 123 x 4 = _____

26.) 190 x 9 = _____ 30.) 196 x 9 = _____

27.) 180 x 7 = _____ 31.) 165 x 6 = _____

28.) 196 x 6 = _____ 32.) 187 x 3 = _____

NAME _____

33.) 102 x 3 = _____   37.) 154 x 8 = _____

34.) 141 x 8 = _____   38.) 175 x 1 = _____

35.) 131 x 2 = _____   39.) 155 x 8 = _____

36.) 100 x 8 = _____   40.) 131 x 9 = _____

NAME _____

41.) 148 x 5 = _____   45.) 105 x 6 = _____

42.) 133 x 6 = _____   46.) 161 x 2 = _____

43.) 158 x 6 = _____   47.) 172 x 2 = _____

44.) 105 x 9 = _____   48.) 173 x 2 = _____

ANSWERS

1.) 4 x 8 = 32
2.) 3 x 2 = 6
3.) 4 x 2 = 8
4.) 9 x 9 = 81
5.) 5 x 2 = 10
6.) 6 x 2 = 12
7.) 2 x 5 = 10
8.) 6 x 8 = 48
9.) 4 x 4 = 16
10.) 6 x 3 = 18
11.) 8 x 9 = 72
12.) 2 x 1 = 2
13.) 8 x 6 = 48
14.) 5 x 5 = 25
15.) 8 x 1 = 8
16.) 5 x 5 = 25
17.) 8 x 4 = 32
18.) 2 x 7 = 14
19.) 3 x 9 = 27
20.) 9 x 1 = 9
21.) 2 x 2 = 4
22.) 4 x 6 = 24
23.) 2 x 1 = 2
24.) 5 x 3 = 15
25.) 6 x 5 = 30
26.) 8 x 2 = 16
27.) 6 x 6 = 36
28.) 2 x 4 = 8
29.) 2 x 2 = 4
30.) 9 x 5 = 45
31.) 5 x 9 = 45
32.) 8 x 1 = 8
33.) 2 x 3 = 6
34.) 4 x 3 = 12
35.) 8 x 3 = 24
36.) 9 x 7 = 63
37.) 3 x 8 = 24
38.) 8 x 2 = 16
39.) 9 x 6 = 54
40.) 5 x 8 = 40
41.) 3 x 3 = 9
42.) 3 x 6 = 18
43.) 4 x 8 = 32
44.) 6 x 2 = 12
45.) 7 x 9 = 63
46.) 9 x 4 = 36
47.) 3 x 1 = 3
48.) 6 x 4 = 24
49.) 2 x 8 = 16
50.) 7 x 1 = 7
51.) 5 x 8 = 40
52.) 4 x 5 = 20
53.) 5 x 6 = 30
54.) 5 x 9 = 45
55.) 8 x 4 = 32
56.) 2 x 5 = 10

ANSWERS

1.) 5 x 5 = 25
2.) 8 x 10 = 80
3.) 8 x 2 = 16
4.) 4 x 11 = 44
5.) 5 x 7 = 35
6.) 9 x 12 = 108
7.) 8 x 10 = 80
8.) 3 x 10 = 30
9.) 12 x 8 = 96
10.) 9 x 3 = 27
11.) 9 x 6 = 54
12.) 12 x 2 = 24
13.) 10 x 6 = 60
14.) 8 x 3 = 24
15.) 11 x 2 = 22
16.) 2 x 9 = 18
17.) 6 x 7 = 42
18.) 3 x 4 = 12
19.) 7 x 9 = 63
20.) 5 x 5 = 25

21.) 5 x 2 = 10
22.) 10 x 8 = 80
23.) 2 x 8 = 16
24.) 6 x 11 = 66
25.) 12 x 6 = 72
26.) 5 x 9 = 45
27.) 10 x 7 = 70
28.) 10 x 6 = 60
29.) 3 x 3 = 9
30.) 7 x 3 = 21
31.) 8 x 5 = 40
32.) 10 x 3 = 30
33.) 9 x 4 = 36
34.) 1 x 7 = 7
35.) 10 x 7 = 70
36.) 5 x 7 = 35
37.) 8 x 4 = 32
38.) 12 x 8 = 96
39.) 10 x 8 = 80
40.) 5 x 1 = 5

41.) 3 x 7 = 21
42.) 5 x 1 = 5
43.) 5 x 7 = 35
44.) 5 x 12 = 60
45.) 4 x 3 = 12
46.) 11 x 9 = 99
47.) 12 x 10 = 120
48.) 8 x 12 = 96
49.) 12 x 12 = 144
50.) 7 x 5 = 35
51.) 3 x 9 = 27
52.) 9 x 9 = 81
53.) 5 x 7 = 35
54.) 6 x 12 = 72
55.) 5 x 7 = 35
56.) 7 x 10 = 70

ANSWERS

1.) 17 * 3 = 51
2.) 20 * 1 = 20
3.) 22 * 5 = 110
4.) 14 * 2 = 28
5.) 17 * 4 = 68
6.) 19 * 2 = 38
7.) 21 * 4 = 84
8.) 20 * 1 = 20
9.) 16 * 9 = 144
10.) 23 * 4 = 92
11.) 21 * 3 = 63
12.) 21 * 3 = 63
13.) 28 * 7 = 196
14.) 23 * 6 = 138
15.) 25 * 3 = 75
16.) 15 * 8 = 120
17.) 30 * 9 = 270
18.) 21 * 5 = 105
19.) 14 * 8 = 112
20.) 14 * 5 = 70
21.) 18 * 8 = 144
22.) 11 * 8 = 88
23.) 24 * 6 = 144
24.) 20 * 9 = 180
25.) 25 * 5 = 125
26.) 23 * 2 = 46
27.) 29 * 9 = 261
28.) 24 * 9 = 216
29.) 15 * 6 = 90
30.) 24 * 2 = 48
31.) 15 * 3 = 45
32.) 16 * 2 = 32
33.) 21 * 8 = 168
34.) 19 * 7 = 133
35.) 10 * 3 = 30
36.) 29 * 7 = 203
37.) 18 * 3 = 54
38.) 25 * 2 = 50
39.) 26 * 5 = 130
40.) 10 * 6 = 60
41.) 10 * 3 = 30
42.) 11 * 5 = 55
43.) 20 * 3 = 60
44.) 26 * 4 = 104
45.) 26 * 4 = 104
46.) 25 * 8 = 200
47.) 15 * 2 = 30
48.) 27 * 9 = 243
49.) 12 * 2 = 24
50.) 19 * 9 = 171
51.) 11 * 6 = 66
52.) 16 * 9 = 144
53.) 27 * 3 = 81
54.) 14 * 6 = 84
55.) 19 * 7 = 133
56.) 10 * 3 = 30
57.) 24 * 3 = 72
58.) 15 * 5 = 75
59.) 13 * 7 = 91
60.) 23 * 1 = 23
61.) 12 * 2 = 24
62.) 29 * 7 = 203
63.) 11 * 1 = 11
64.) 27 * 5 = 135
65.) 17 * 2 = 34
66.) 14 * 1 = 14
67.) 23 * 2 = 46
68.) 20 * 9 = 180
69.) 18 * 9 = 162
70.) 15 * 1 = 15
71.) 19 * 9 = 171
72.) 29 * 6 = 174

ANSWERS

1.) 151 x 4 = 604
2.) 134 x 1 = 134
3.) 155 x 9 = 1395
4.) 138 x 8 = 1104
5.) 130 x 6 = 780
6.) 109 x 2 = 218
7.) 131 x 4 = 524
8.) 139 x 9 = 1251
9.) 127 x 2 = 254
10.) 156 x 7 = 1092
11.) 134 x 3 = 402
12.) 193 x 8 = 1544
13.) 143 x 6 = 858
14.) 162 x 1 = 162
15.) 168 x 2 = 336
16.) 136 x 1 = 136
17.) 100 x 5 = 500
18.) 107 x 1 = 107
19.) 189 x 3 = 567
20.) 177 x 8 = 1416
21.) 161 x 1 = 161
22.) 136 x 9 = 1224
23.) 182 x 2 = 364
24.) 169 x 5 = 845
25.) 163 x 1 = 163
26.) 190 x 9 = 1710
27.) 180 x 7 = 1260
28.) 196 x 6 = 1176
29.) 123 x 4 = 492
30.) 196 x 9 = 1764
31.) 165 x 6 = 990
32.) 187 x 3 = 561
33.) 102 x 3 = 306
34.) 141 x 8 = 1128
35.) 131 x 2 = 262
36.) 100 x 8 = 800
37.) 154 x 8 = 1232
38.) 175 x 1 = 175
39.) 155 x 8 = 1240
40.) 131 x 9 = 1179
41.) 148 x 5 = 740
42.) 133 x 6 = 798
43.) 158 x 6 = 948
44.) 105 x 9 = 945
45.) 105 x 6 = 630
46.) 161 x 2 = 322
47.) 172 x 2 = 344
48.) 173 x 2 = 346

www.ingramcontent.com/pod-product-compliance
Lightning Source LLC
Chambersburg PA
CBHW041225040426
42444CB00002B/52